World

ALSO BY ANA LUÍSA AMARAL

What's in a Name

Ana Luísa Amaral

World

Translated from the Portuguese
by Margaret Jull Costa

 A NEW DIRECTIONS BOOK

Manufactured in the United States of America
First published as a New Directions Book (NDP1561) in 2023
Design by Erik Rieselbach

Library of Congress Cataloging-in-Publication Data
Names: Amaral, Ana Luísa, 1956– author. | Costa, Margaret Jull, translator.
Title: World / Ana Luísa Amaral ; translated from the Portuguese
by Margaret Jull Costa.
Other titles: Mundo. English
Description: New York : New Directions Publishing Corporation, 2023.
Identifiers: LCCN 2022057375 | ISBN 9780811234832 (paperback) | I
SBN 9780811234849 (ebook)
Subjects: LCSH: Amaral, Ana Luísa, 1956– —Translations into English. |
LCGFT: Poetry.
Classification: LCC PQ9263.M26 M9613 2023 | DDC 869.1/42—dc23/eng/20221202
LC record available at https://lccn.loc.gov/2022057375

10 9 8 7 6 5 4 3 2 1

New Directions Books are published for James Laughlin
by New Directions Publishing Corporation
80 Eighth Avenue, New York 10011

WORLD

Do mundo:

É bom?, *perguntareis.*

A que sabe esta ceia
feita de peixe e vinho,
tão metáforas óbvias
transportadas em cor ao vosso tempo?

Mas não há-de ser ceia,
pois que se vê azul atrás de mim,
e as nuvens muito brancas
são de sol

E o peixe jaz, intacto, no prato,
ou seja, não comi:
ainda não comi

Reparai no chapéu, halo inventado,
e nas asas guardadas ao longo
destes séculos,
só que diversas asas, mais modernas,
e eu a sentir-me quase
a fingir cisne

Atentai sobretudo nos meus olhos
fechados,
erguida sobrancelha em êxtase e enlevo

About the world:

Is it good? *you will ask.*

What does it taste of, this supper
of fish and wine,
such obvious metaphors
transported in color to your age?

But it can't be supper,
because you can see blue behind me,
and those very white clouds
are sunny clouds

And the fish lies intact on the plate,
that is, I haven't eaten:
haven't yet eaten

Notice my hat, an invented halo,
and the wings kept furled throughout
all these centuries,
except these are different wings, more modern,
making me feel
almost swanlike

Pay special attention to my eyes,
closed,
one eyebrow raised in ecstasy and rapture

E as minhas mãos cruzadas
que parecem rezar,
mas que de facto dizem,
devagar:

comigo partilhai
deste sossego —

And my hands folded
as if in prayer,
but which are in fact saying,
very slowly:

share with me
this peace—

AN ALMOST-ECLOGUE: PEOPLES

A formiga: peregrinatio

Ao longo do jardim,
caminha a contramão das outras caminhantes:
as antenas astutas, vida amarga,
ultrapassagens bruscas

De vez em quando,
ressalto de colina no verde pavimento
que ela contorna
como soldado, rasa

Neste momento,
não sei se o oxigénio lhe falha:
exilada do ar,
faz arquejar o corpo e fica como estátua:
a sedução mais pura
à sua frente:

semente pequeníssima
que ela transporta agora, tão esforçada
e delicadamente:
futura refeição para família, amigos,
como ela peregrinos
do quase-nada:

a sua gente

The ant: peregrinatio

She walks the whole length of the garden,
counter to all the other walkers;
antennae alert, life bitter,
overtakings brusque

Now and then
a hillock in the green pavement
that she goes around
like a foot soldier, a private

At this very moment,
it's as if she just ran out of oxygen:
exiled from the air,
she arches her body and stands like a statue:
before her lies
pure seduction:

a teeny-tiny seed
that she is now carrying, so bravely
and delicately:
a future meal for family and friends,
pilgrims, like her,
of the almost-nothing

her people

A centopeia: cena quase bíblica

Uma longa escalada
esforçada a patas mil,
o lavatório feito um Evereste

Eu, feita Deus,
desvelando
a torneira

O Dilúvio instalou-se

Faltava a Arca,
os seus milhares de pares
em primos e parentes:

criaturas sem nome
nem tamanho
de gente

E de repente
as portas do Inferno ali se abriram
de frente para ela,

que deslizou—
múltipla e só—
naquele poço fundo

já desistente agora desta vida,
depois, já noutro mundo,
e depois, já eterna

The centipede: an almost biblical scene

A long hard journey
a climb of a hundred feet,
the washbasin in the guise of Everest

I, in the guise of God,
unveiling
the tap

Then came the Flood

Only the Ark was missing,
with its thousands of pairs
in the form of cousins, relatives:

creatures with no name,
not even
human-sized

And suddenly
the gates of Hell: wide open
right there in front of her,

and down she slithered—
multiple and alone
into the deep dark pit

now departing this life
then entering another world,
and ever after: eternal

A pega: as outras cores do mundo

No jardim tangente à minha casa
por entre os pássaros
que lhe habitam as árvores e cantam
em trinado desacerto,
vive uma pega

O seu nome não é um nome belo
como andorinha ou rouxinol,
que lembram odes e mornas tradições,
ou como arara, quetzal ou beija-flor,
nomes felizes com as cores inteiras
que o olho humano entende
—e ainda outras
que as entendem eles

Mas ela, elegante no corpo todo negro, a cauda longa,
só laivo a branco leve na asa e pelo peito,
parece que vestiu alta-costura
para voar pelos ramos de outono e
os telhados das casas
que estão perto

Dizem os entendidos
que reconhece ao espelho o seu reflexo,
algo que ao bicho humano
exige anos de vida

The magpie: the world's other colors

In the garden next to my house
among the birds
inhabiting its trees and singing
their clumsy chirpings,
there lives a magpie

Its name is not a beautiful one
like swallow or nightingale,
which recall odes and sweet traditions,
or like macaw, quetzal or hummingbird,
cheerful names with every color
the human eye can understand
—and still others
only they can decipher

But the magpie, with her elegant all-black body, her long tail,
that splash of light white on wing and breast,
seems to have dressed in haute couture
to fly about the autumn branches
and the nearby
roofs of houses

Those in the know say
she can recognize her own reflection in a mirror
something that, for the human animal,
takes years of experience

Nestes dias tão magros
em que os cavalos de apocalipse e espanto
cavalgam livres, trazendo novas pestes, guerras, fomes,
é um prazer de afago

alegria sem nome
vê-la todos os dias a voar

equilibrista bicolor,
dona do mundo

In these lean and hungry days
where the horses of the apocalypse and horror
ride free, bringing new plagues, wars, famines,
it is a soft, caressing pleasure

a nameless joy
to see her flying about each day

black-and-white acrobat
mistress of the world

O peixe

É de metal
que ao sol
parece azul
o anzol
que o prende
à morte

E os sons
que pela areia
do verso
o arrastaram
têm o som
metálico
do medo

The fish

It's made of metal
glinting blue
in the sun
the hook
that hooks
and binds him
to death

And the sounds
that dragged him
over the sand
of this line
have the metallic
ring
of fear

A aranha: romance ouvido num jardim, por entre densa folhagem

Adoro as tuas pernas, meu amor,
as mais bonitas que entre folhas vi!
Se as pudesse afagar aqui, e aqui...
Oh, o prazer de as conhecer de cor!

Na sua cor de céu vazio de estrelas
como hão-de os pêlos delas ser macios!
Destas pernas virão supremos fios
de teias como tule, lisas e belas.

Aranha minha, tesouro viscoso,
a minha dor é não poder tocar-te
no perigo de depois me achares delicioso,
a mim, que desfaleço em êxtase e na arte

de querer tecer-te linhas muito ternas
carregadas de fina sedução
e insistindo contigo a minha sorte:

poder ter-te encostada no meu peito,
dizer-te *tanta perna para tão curto feito*!

Por uma perna tua eu suportava a morte—
toma os meus palpos, patas, linfa, coração.

The spider: a romance overheard in a garden
among dense foliage

Oh how I adore your legs, my love,
the prettiest legs ever seen on a leaf!
If I could touch them here, and here ...
ah, a pleasure quite beyond belief!

Their color that of a starless sky,
how soft as air their hairs must be!
From them will come the finest threads
of webs, like tulle, like silk, so lovely.

O spider mine, my sticky treasure,
my one regret: that I dare not touch you
for fear you find me all too delicious,
I, who swoon with ecstasy, yes, I who

want nothing, only to weave some tender lines
filled with the subtlest, most seductive words
telling you over and over what must be my fate:

to press you, dear one, to my breast,
to say to you: *so many legs for so brief a life!*

For just one of your legs I could brave death itself—
here, take my lips, my feet, my blood, my heart.

A abelha

A abelha fez
a sua entrada triunfal

neste pequeno pinheiro de varanda
morto há já algum tempo,
colonizado agora
por uma hera de folhas como trevos,
ínfimas flores lilases

As gavinhas da hera ao longo do pinheiro
seco e escuro
cobrem-no quase todo:
uma asfixia em verde
e tons de azul,
e estranhamente bela

Ela, prima-dona de elegante cintura,
sobrevoou o palco
deste céu tingido a primavera

Provou as flores
em exame profundo:
verificou, testou, sedutora infalível,
e em frente a cada uma foi bebendo,
metódica e feliz

The bee

The bee made
her triumphal entry

on this small potted pine tree
long since dead
and colonized now
by some ivy with leaves like clovers,
and diminutive lilac flowers

The ivy's tendrils cover almost
the whole
of the dark, shriveled pine tree:
suffocation in green
and shades of blue,
and strangely beautiful

The bee, that wasp-waisted prima donna,
flew over the stage
of this sky tinged with spring

She scrutinized
each and every flower:
she probed and tested, the infallible seductress,
and from each she drank,
methodical, content

Depois, um voo rasante em roda
do pinheiro, uma prova final
a cada flor, talvez rasto de néctar faltasse,
e saiu triunfante

Quando partiu daqui,
transportava nos bolsos
do corpo matizado a negro e ouro
uma porção infinitesimal
de vida

Then, after a brief flyby
and a final sip
from every flower,
just in case there's some nectar left,
she left triumphantly

And when she departed,
she was carrying in the bags
on her black-and-gold-striped body
a teeny-tiny bit
of life

O pavão: o voo, do que é útil

Não lhe serve de nada: voa mal,
caminha desairoso e desatento
ao que seja harmonia

Mas o seu leque lembra o paraíso,
esse que se perdeu,
e só por isso ela condescende,
sente calor e frio ao mesmo tempo,
e depois se apaixona

Darwin sabia,
mesmo que não escrevesse poesia,
que a beleza é assim:
sem razão aparente
que a sustente

Mas é por isso que a pena
ali guardada
é como se guardasse o próprio tempo,
o fizesse suspenso
pelas espécies todas:

uma outra forma de voar
sem asas

no cume da paixão

The peacock: on flying and usefulness

It's no use to him at all: he flies badly,
has an awkward gait heedless
of anything resembling harmony

But his fan is a reminder of paradise,
the one we lost,
and that's the only reason she obliges,
gets the hot and cold shivers,
then falls in love

Darwin knew,
even though he didn't write poetry,
that beauty is just that:
useless, with no apparent reason
to sustain it

Which is why the feathers
in that fan
seem to have stopped time itself,
put it on hold
for every species:

another form of flying
without wings

at the very height of passion

Os pássaros: écloga

É quase de manhã
e os pássaros lá fora,
em volta de canção

Estranha hora
feita de tão pequeno nevoeiro
prestes à limpidez
do céu

É já de madrugada
no silêncio,
mas eles continuam
em volta da canção

Pulsante, o mundo,
mesmo desafinado
de vazio:
querendo cantar

Agora, o sol
soltou-lhe o
coração:

e ele partiu-se,
o mundo,
sobrevoando
a sua outra

paz

The birds: an eclogue

Almost morning
and outside, the birds
with their encircling songs

A strange hour
made of a slender mist
ready and waiting
for the limpid sky

It's already dawn
within the silence,
but on they go
circling their songs

The world pulsates,
tuneless
in the empty air:
trying to sing

Now, the sun
has released
the world's heart

and away it goes,
the world,
flying over
its other

peace

O vento e a flor

a minha japoneira

ganhou
novo sentido

quando o seu som
de luxo oriental

passou
a ser ouvido

The wind and the flower

my camellia japonica

took on
new meaning

when its
lush, oriental voice

at last
began speaking

Girassol

se pousar nesta folha
um girassol
e o quebrar

o que sobra é o sol
dentro do céu—
parado—

ou o papel
aturdido e em
vertigem?

Sunflower

if a sunflower alighted
on this piece of paper
and tore it

what would be left,
the sun in the sky—
stock-still—

or the paper
stunned and
dizzy?

EXPERIMENTS AND EVIDENCE

Ou de um quase marítimo papel chinês

Escrevo em papel diferente
de caderno,
organizado em China
e quase seda,
tão belo
que apetece preservar,

a exigir-me linha
sem riscos nas palavras:
um mínimo pincel
apetecido

Mas nos versos
que acabo de escrever,
posso contar: catorze correcções,
as vezes em que o lápis
voltou   riscou   voltou
—e outra vez—
ressuscitou depois
palavra assassinada

Não sei que faça com este caderno
antecipando isto:
misto de angústia e risco,
falha de areia em praia ocidental,
ou tocar um golfinho,
sentir-lhe a pele macia,
saber-lhe em dorso
o que o escalpelo faz

Or about an almost maritime piece of Chinese paper

I'm writing on a different sort
of notepaper,
Chinesily organized
and almost like silk,
so beautiful
it seems a shame to use it,

demanding as it does a line
with no crossings out:
ideally
the slenderest of brushes

But in the lines
I've just written,
I can count: fourteen changes,
the times when the pencil
came back   crossed out   came back
—and again—
only, later, to resuscitate
the murdered word

In the light of this
what am I to do with this notebook:
a mixture of angst and risk,
a flaw on a sandy western beach
or touching a dolphin,
feeling its soft smooth skin,
knowing on its spine
what the scalpel is doing

Quase concluo
que o que chega da China,
em súbita monção:
traz tudo menos calma
—e muito menos mão firmada em gesto,
a finíssima folha
de grão em caracter

sombrio de mar,
tão longe do Egeu

e do meu céu—

I almost conclude
that what comes from China,
on a sudden monsoon:
brings everything but calm
—and certainly no definite gestures,
the finest of rice paper
fine and grainy

somber as the sea,
so far from the Aegean

and from my sky—

A mesa

A minha pátria
é esta sala que dá para a varanda,
e é também a varanda com as suas flores
que vão e vêm meses fora, e eu vejo luminosas
mesmo quando se tornam cor
de vento triste

A minha pátria
é a tolha branca que me cobre, são os pratos
que sustento todos os dias, os braços
que se encostam a mim,
até a água onde quase me afoguei,
por culpa distraída da mão que no meu corpo
a colocou, mão insensata
esquecida de cuidar

Comecei cedo a conhecê-la,
à minha pátria.
Quando era ainda a paisagem perfumada
das madeiras, irmãs de nascimento, a serração,
o ar coberto de minúsculos fios e pó
tão bem cheiroso, os dedos que depois me tomaram,
tábua larga, me afagaram
com plainas, o verniz, o brilho

The table

My country
is this room opening onto the balcony,
it is also the balcony with its flowers
that come and go over the months, and that seem to me
luminous even when they turn the color
of a sad wind

My country
is the white cloth covering me, the dishes placed on me
each day, the arms that lean on me,
even the water in which I nearly drowned,
spilled absentmindedly by the hand that poured it
over my body, a clumsy,
thoughtless hand

I came to know it early on,
my country that is,
when it was still the perfumed landscape
of various timbers, my sisters all, of the sawmill,
its air filled with tiny filaments and sweetly
scented dust, the fingers that then chose me,
a broad piece of wood, and stroked and caressed me
with planes, varnish, polish

tudo isso foi já a minha pátria: pradaria de insectos,
ventos brancos, a seiva viva que corria
nos meus veios, a água que eu bebia para sobreviver,
e que me protegia

Que a mão que agora aqui e sobre mim
se estende
se lembre desta inteira condição comum:
de reino igual viemos, para igual reino
vamos, ela e eu

os átomos que me formam e fizeram
podem ter sido os seus

that was already my country: a prairie of insects,
white winds, the living sap that ran
in my veins, the water I drank to survive,
and that protected me

May the hand that rests on me
here, now,
remember this our shared condition:
we came from the same realm, and to that same realm
we will go, she and me:

the atoms that shaped and made me
could so easily have been hers

A faca

à direita pousada

—docemente—
o gesto de a afagar

os meus dedos
em câmara lenta

ausência de ar
na noite e nesta sala

(e as paredes normais
risos na rua)

The knife

lying to my right

—very gently—
I make as if to stroke it

my fingers
in slow motion

an absence of air
in the night and in this room

(the walls normal
laughter out in the street)

Estudo político

Sobre a minha cabeça,
neste café em renovado estilo,
um candelabro carregado
de pingentes longos

Estalactites de vidro transparente,
eles reflectem a luz branca das lâmpadas,
reflectem-se nos vidros dos armários
inusuais para café normal

Não os vejo ao escrever,
mas basta erguer levemente a cabeça
para que eles se afirmem,
pálidos e imóveis

Se houvesse um terramoto,
será que bateriam uns nos outros,
um som mais rude que o som de cristal,
porém, música própria,
igualmente mortal, destruidora?

Mas assim, como estão,
nada os perturba nem lhes permite jogos
de partir: paralelos e sós,
não se diria que são do candelabro,
que sem eles a luz
seria menos luz

A study in politics

Above my head,
in this newly refurbished café,
hangs a chandelier laden
with long crystal pendants

Stalactites of transparent glass,
they reflect the white light from the bulbs,
are reflected in the glass cabinets,
an unusual sight in any ordinary café

I can't see them as I write,
but I have only to look up
for them to affirm their existence,
pale and motionless

If there were an earthquake,
would they beat against each other,
making a harsher sound than the sound of glass,
their own music,
but equally death-dealing and destructive?

For the moment, though,
nothing troubles them, they don't play at
breaking into pieces: parallel and alone,
you would never say they belonged to the chandelier,
or that without them the light
would be less light

Sobretudo, que bastaria a falta
dos pingentes centrais
para que a simetria se perdesse:
sem esses, mesmo com terramoto,
os outros não teriam a força de se unir,
seria quase a calma que é agora

A única diferença é que eles dançariam.
Mortíferos e belos.

Mas sem música—

Or indeed, that if the two central pendants
went missing
the symmetry would be lost:
without them, even with an earthquake,
the others wouldn't have the strength to unite,
it would be almost the same calm as now

With one difference: they would dance.
Deadly and beautiful.

But with no music—

A química do cérebro

A química do cérebro é cruel
ao desdobrar-se em espaços de pensar
microscópicas teias de sentir

E devia ser só robótico painel,
capaz de funcionar logicamente
reagir à tristeza emitindo sinais,

sedosos bips de intensidade igual
A química do cérebro é cruel
ao misturar as certezas pensadas

a notas de ternura musicais.
Devia ser capaz de ignorar a dor
bloquear a angústia em cantos sem lembrar,

amarrar o amor a postes de neurónios
e deixá-lo morrer, esquecido e só
E depois exultar com a vitória:

o calcanhar bem firme na serpente,
a técnica em ardente e claro ceptro

The chemistry of the brain

The chemistry of the brain is a cruel thing
as it unfolds into its thinking spaces
microscopic webs of feeling

And it must be merely a robotic panel,
capable of functioning logically
reacting to sadness by sending out signals,

silk-smooth beeps all of the same intensity
The chemistry of the brain is a cruel thing
mixing up our thought certainties

with tender musical notes.
It must be capable of overriding pain
blockading anxiety into obscure corners,

tethering love to posts of neurons
and leaving it there to die, forgotten, alone.
Then rejoicing in its victory:

its heel firmly crushing the serpent's head,
its technique a bright, burning scepter

O jogo

Pousei-o aqui, sobre esta rocha,
ao tabuleiro

Vamos jogar xadrez

Falaremos de coisas tão sérias como o mundo:
de como duas folhas,
ambas filhas do ramo que as criou,
são tão diversas entre si quanto filhas humanas,
em cada uma: irrepetível impressão vegetal

Ou de como a distância que as mantém
tem uma perfeição tão límpida
como outras coisas que habitam o universo,
desde o vazio até ao filamento mais longínquo,
que de espécie de luz
há-de ter sido feito

A cada movimento que ganhares,
poderás perguntar-me "mediste essa distância?"
E eu responderei "não sei
medir a pausa entre a vida
e a morte"

The game

I put it down here, on this rock,
the board

Let's have a game of chess

We'll talk about things as serious as the world:
about how two leaves,
both the daughters of the branch that created them,
can be as different from each other as human daughters,
each one having: an unrepeatable botanical fingerprint

Or how the distance that separates them
has the same limpid perfection
as other things that inhabit the universe,
from space to the most distant filament,
which must have been fashioned
out of some sort of light

With every winning move of yours,
you will ask "have you actually measured that distance?"
And I will say "how can I measure
the pause between life
and death"

Serás magnânima, imagino,
e, nessa tua clemência,
eu irei distrair-me.
Tu aproveitarás para dizer: "em casos destes sérios
não há régua ou compasso"

Talvez consiga eu vitória ocasional,
talvez, e poderei então,
movido algum peão, algum cavalo,
perguntar-te: "e o amor?"

Já sei que fingirás que não ouviste bem,
porque tu mentes,
ou antes, és mestre na ilusão,
e eu, imaginando que venci,
moverei a rainha

E as folhas que serviram de conversa,
a rocha, o tabuleiro, e todas as palavras que dissemos:
igual a sal tombado em gota de água:
diluídos em pó nebuloso
de estrelas

E tu, feita infinita paciência,
esperarás, escondida pelas dunas,
por vítima mais pura

ou poesia mais bela—

You, I imagine, will be magnanimous,
and I will smile
at your clemency.
You will choose that moment to say: "for such serious matters
there are no rulers, no compasse"'

Perhaps I will enjoy the occasional victory,
perhaps, and then,
moving a pawn here, a knight there,
I can ask: "and what about love?"

I know you'll pretend you didn't quite hear,
because you're a liar,
or, rather, a master of illusion,
and I, imagining I've won,
will move my queen

And the leaves that served as our starting point,
the rock, the board, and all the words we used:
like salt in a drop of water:
dissolved into nebulous
stardust

And you, now the image of infinite patience,
will wait, hidden in the dunes,
the most innocent of victims

or the most beautiful of poems—

A *agulha: lições*

Um súbito botão
que livre se soltou da minha blusa
bastou—

—e olhei-a brevemente,
ela esperando a linha,
em demora maior
do que a palavra demora
de dizer

Ínfima e cintilante,
quase nula em espessura de folha
transparente,
a sua servitude a nós:
de uma amplidão
sem nome:

Da protecção ao frio
à fissura do belo,
o abismo de termos resistido à nudez
recíproca e privada

e assistido depois, ajudados por ela,
ao corpo abençoado por calor
e cores, texturas mil de espectro largo,
o que nos faz humanos

The needle: lessons

A sudden button
breaking free from my blouse
was all it took—

I glanced briefly at the needle
waiting there for the thread,
waiting longer
than it takes to say the word
longer

Tiny and shining,
almost nothing really, slender
as a transparent leaf,
yet in its servitude to us
indescribable
in its amplitude:

Protection from the cold
from some flaw in the beautiful
the abyss of having resisted nakedness
both reciprocal and private

and having witnessed, with the needle's help,
the body blessed by warmth
and color, the whole spectrum of textures,
that make us human

Não mais do que isto,
nós?, a pergunta do velho rei
a estender-se por séculos

E muito, muito antes,
Cristo a falar ao jovem rico:
vai, vende o que tens, dá a quem nada tem

Pois para isto também ela serviu,
doméstica e sublime:

dizer do mundo e suas desrazões,
ensinar que é mais fácil um camelo
atravessar o fundo de uma agulha
do que um rico ingressar soberbo e livre
no Reino dos Céus

Is man no more than this?
the question asked by the old king
reaches down through the centuries

And long, long before that,
Christ saying to the wealthy young man:
Go, sell what you possess and give to the poor

The needle was useful there too,
domestic and sublime:

speaking of the world and its unreasons,
teaching that it's easier for a camel
to pass through the eye of a needle
than for a rich man to enter, proudly, freely,
into the Kingdom of Heaven

Dois cavalos: paisagem

Estão lado a lado,
naquela praça em frente da igreja,
nesse calor de quando o mundo oscila
na linha de horizonte,
e o rio quase defronte:
uma miragem

Estão lado a lado,
sujos de pó, as cabeças tombadas para a frente,
unidos pelo jugo desigual, a carroça apoiada no muro
mas pronta a ser unida aos corpos deles

Estarão feitos assim: velhos amigos,
os corpos encostados mesmo neste calor,
pela aliança muda?

Arreios, cabeçadas, todos os instrumentos
do que parece ser mansa tortura
mais o freio, ou bridão,
parecido com aquele colocado na boca das mulheres
que desobedeciam,

Two horses: landscape

They stand side by side
in the square opposite the church,
in the kind of heat that sets the world quivering
on the horizon,
and with the river almost in front of them:
a mirage

They stand side by side,
smeared with dust, heads bowed,
joined by the lopsided yoke, the cart propped against the wall,
but ready to be attached to their bodies

That's what they've become: old friends,
pressed up against each other despite the heat,
an unspoken alliance?

Harnesses, halters, all of which resemble
instruments of mild torture,
not to mention the bit, or snaffle,
similar to that placed in the mouths of women
who disobeyed,

e era isso há muito tempo,
pelo menos quatro séculos,
ou semelhante ao que se usava
nos escravos, cobrindo-lhes a boca
para que não se envenenassem,
porque se recusavam a viver
escravos
e era isso quase agora, no século passado

Mas eles não criam caos nem desacato,
não se revoltam nem tentam o veneno
se o freio agudo lhes fere, pungente,
gengiva, língua, osso

Só se encostam quietos, um ao outro,
cabeças derrubadas para a frente,
à espera do chicote
que chegará depois com a carroça, pronta
para a entrega das coisas
humanas, o comércio

E é esta a mais perfeita
das colonizações

but that was a long time ago,
at least four centuries,
or not unlike the device used
to cover the mouths of slaves,
so that they wouldn't poison themselves,
because they refused to live as
slaves
and that was almost yesterday, in the last century

But the horses make no fuss, show no disrespect,
they don't rebel or try to take poison
if the sharp bit wounds them, bites
gums, tongue, bone

They simply stand there, next to each other,
heads drooping,
waiting for the whip
that will arrive later on, along with the cart,
ready to serve human
needs, commerce

And that is the most perfect
of colonizations

Experiências e evidências

Quando eu era menina,
fazíamos na escola uma experiência
com dois ímanes
e uma folha de papel

Era uma dança estranha
e fascinante,
a do íman pousado no papel
obedecendo ao outro, o encoberto,
um hércules de força
misteriosa

Durante muito tempo
acreditei
que o magnetismo era uma coisa
de homens sábios, aquele papagaio
de Benjamin Franklin ficou-me na memória:
o papagaio voando,
e de entre as nuvens, o relâmpago
e a promessa de aprisionar a luz

Eu não sabia então que só há poucos anos
pôde a primeira mulher
usar um telescópio de excelência,
provar a existência da matéria negra
na beleza do movimento angular
das galáxias

Experiments and evidence

When I was a little girl at school,
we used to do an experiment
with two magnets
and a sheet of paper

They performed a strange,
fascinating dance,
the magnet on one side of the paper
obeying the other magnet,
a hidden Hercules
with mysterious powers

For a long time
I believed magnetism was a matter
for wise men, I remembered, for example,
Benjamin Franklin's kite:
the kite flying up
among the clouds, teasing the lightning
and the promise of capturing light

I didn't know then that it's not long since
the first woman
was allowed to use a world-class telescope
to prove the existence of dark matter
in the beauty of angular motion
among the galaxies

O interior da História
repelido por séculos,
o corpo em negativo de tantas antes dela:
um grão de areia
de encontro ao negativo do deserto
—durante tantos séculos

E contudo, moveram-se,
uma dança de carga positiva voando
no papel, como invisível é a maior parte
da matéria, mas existe

(Está mais do que
provado)

The inside story of History
rejected for centuries,
the negative self-image of so many before her:
a grain of sand
face to face with the negative of the desert
—for so many centuries

And yet they moved,
a dance with a positive charge flying
over the paper, because most matter
is invisible, yet it exists

(Of which there is ample
proof)

INTERMISSION

A luta

Era uma vez,
num quarto de rapariga,
uma gaveta cheia de livros
permanentemente ameaçados
pela possível ocupação
de um enxoval.

Que fazer?
Deixarem-se continuar sossegados
à espera que lençóis tontos
e toalhas inúteis
lhes viessem invadir o território?
Lutar pela posse dos direitos
tão arduamente
conquistados?

Fez-se um plenário,
única solução nestas questões,
mas não havia maneira
de chegarem a acordo.
Bem vêem: quando o problema
é de ordem geral ...

Exaltaram-se os ânimos.

The battle

Once upon a time,
in a young girl's bedroom,
a drawer full of books
lay under permanent threat
of possible occupation
by a trousseau

What to do?
Should they just sit quietly
waiting for a lot of silly sheets
and useless towels
to come and invade their territory?
Or fight to hold on to
their hard-won
rights?

A summit was called,
the only solution in such situations,
but there was no way
they could reach agreement.
As you see: when the problem
is of a general nature …

Opinions can become heated

O Estrangeiro,
que não concordava com formas
violentas de actuação,
agrediu *O Principezinho*
rasgando-lhe sem dó nem piedade
as folhas centrais.

O Estrangeiro,
adepto de uma marcha silenciosa
e orgulhoso portador de capa plastificada,
rasgou violentamente a capa colorida
de uma antologia poética francesa
que, pela desigualdade de circunstâncias,
nada mais pôde fazer que gritar um alexandrino,
de modo patético
e comovedor.

No fim,
ninguém escapou ileso.

Secretários, oradores,
exibiam num misto
de sofrimento e orgulho
cicatrizes gloriosas.

Até *Édipo*, o Presidente,
numa altura em que pedia calma,
foi despojado da sobrecapa
e arrastado mais de dez centímetros pela gaveta
onde ficou inerte, de folhas abertas:
quase inutilizado.

The Outsider,
who disapproved
of all violent behavior,
attacked *The Little Prince,*
ruthlessly, pitilessly tearing out
his middle pages

Frankenstein,
a master of the slow, silent approach,
and the proud bearer of a plasticized cover,
violently tore the colorful jacket
of an anthology of French poetry,
who, given her inferior strength,
could do nothing but recite an alexandrine,
in a pathetic
moving manner

In the end,
no one escaped unscathed

Secretaries and orators,
with a mixture
of pain and pride,
exhibited
their glorious scars

Until *Oedipus,* the President,
in an attempted to call for calm,
was stripped of his dust jacket
and dragged more than ten centimeters through the drawer,
where he lay motionless, pages splayed:
almost crippled

Agora, o problema não era
o invasor, mas a divisão interna,
os ódios recalcados.

O que interessava agora
era sobreviver,
ser livro.

Isso
compreendeu-o a edição
traduzida e anotada de *Hamlet*,
que, esquecida a um canto,
observando
com olhinhos piscos
a turba ululante, murmurava:

Ser ou não ser, eis a questão,
Ser ou não ser, eis a questão.

Now, the problem wasn't
the invader, but the internal divisions,
the seething hatreds

Now, what mattered
was to survive,
to be a book

A conclusion instantly
grasped by the
translated, annotated edition of *Hamlet*,
sitting in a corner
forgotten and bemused,
observing
the howling mob, and murmuring:

To be or not to be, that is the question,
To be or not to be, that is the question

Soneto do navio e do pavio real

Quão curto, meu amor, parece este pavio
que, embora arda de ti, tão longe está do mundo.
Só no verso te toco, te crio, te recrio,
mas sou como navio, proa a rasar o fundo.

Porque tu não és tu, aquela que existiu
em verdadeiros corpos e tempos e lugares,
por quem eu existi, bebendo chuva e frio —
mas tu estavas ali, nesse lugar de estares.

Agora, este pavio não se acende de vida.
Nada se inflama a sério, é só reflexo leve,
e eu falho aqui sozinha, carne, suor e folha.

(Boa comparação seria a de uma rolha
falhando mar, garrafa e a sua boca leve
e fazendo do vinho mistura meio ardida).

Sonnet of the ship and the wick

How short, my love, this wick appears to be
so removed from the world though it burns for you.
Only in verse do I touch you, create and recreate,
But I am like a ship, its prow grazing the sea bottom.

Because you are not you, the you that existed
in real bodies and times and places, and
through whom I existed, drinking rain and cold—
but you were there, in that place of places.

This wick will no longer light up with life.
No flaming into being, just a reflected glow,
and here I am alone, flesh and sweat and paper.

(A fair comparison would be that of a cork
lacking sea, bottle and the bottle's light mouth
making the wine taste slightly corked.)

OTHER LANDSCAPES: WORLDS

Suspensórios de sol

Tirar do bolso um tempo, outros lugares.
Suspensórios antigos e tão fora de moda,
voltando-me de súbito aos ouvidos:
a voz da minha mãe, um riso, o ser pequena
em roda da ternura, ou aquela noite escura
em que me balouçava de ambas as mãos deles.

Por cima, era de céu de tinta preta,
e estrelas, a vertigem, mas a mão esquerda
vinda do meu pai, na minha mão direita,
e as estrelas tão perto, como cair da cama
do avesso, ou mergulhar em tecto.

Tempos daquele circo colorido,
em frente do cinema, o cheiro doce
da serradura húmida, a serradura em sons
ao ser pisada, a entrada na luz,
nos súbitos relâmpagos feitos de absoluta lucidez.

Trazia um elefante por dentro da cabeça
e o sonho de fugir em caravana,
não precisar de escola, e prender
o trapézio no olhar.

Refugiar-me em sol, até à serra,
onde viviam grupos de ciganos que desciam,
às vezes, à vertigem da vila.
E era cair da serra do avesso,
como cair do sonho.

The sun's garters

Taking from my pocket another time, other places.
Old garters, so unfashionable,
suddenly restoring to my ears:
my mother's voice, a laugh, being small
and surrounded by tenderness, or that dark night
when I swung to and fro held by both their hands.

Up above, ink-black sky,
and stars and dizziness, the left hand
of my father in my right hand,
and the stars so close, like falling upwards
out of bed, or diving up into the ceiling.

The days when that colorful circus arrived,
opposite the cinema, the sweet smell
of damp sawdust, the sound of sawdust
underfoot, the plunge into light,
sudden lightning flashes of utter lucidity.

Inside my head I kept an elephant
and the dream of running away with the circus,
no need for school, the trapeze
fixed firmly in my eyes.

Taking refuge in the sun, even up in the hills,
home to groups of gypsies who sometimes
came down to the dizzy depths of the village.
Like falling upwards out of the hills,
like falling out of sleep.

Já não saber cair sem ser direita: ver estrelas
ao contrário, como se fosse da primeira vez,
e senti-las em tecto, tapete de veludo,
e a vertigem tão certa.
Poder ressuscitar os suspensórios,
torná-los corda elástica e perfeita,
a borracha: um acerto de mãos dadas
dentro de sentir múltiplo.

Sabia que na serra se faziam fogueiras,
se cantava, se comia de roda da alegria,
com palavras diferentes, outros sons.
Que os palhaços voltavam quatro vezes no ano,
mesmo sem mim ao lado,
mas que cada vez outra, era outra vez igual:
a caravana, o sol, sonhar a serradura
em pés descalços, não precisar de escola,
e as cordas do trapézio.

No céu de tinta preta desta noite, cair
sobre as estrelas outra vez,
apertando nas mãos as coisas todas
feitas de alegria.
Tirar do bolso um suspensório aceso:
a música do circo como um sino, a serra
toda verde. E um elefante gordo de sorriso,
insinuando azul dentro da luz.

Knowing only how to fall upwards: seeing stars
back to front, as if for the first time,
and sensing them there in the ceiling, a velvet carpet,
and just the right degree of dizziness.
Ah, if I could only resurrect those old garters,
return them to their elastic, perfect former selves,
the rubber: an accord, a manifold feeling
sealed by the touch of hands.

I knew that in the mountains they built bonfires,
sang songs and ate together in a circle of joy,
with different words, different sounds.
That the clowns returned four times a year,
even without me there beside them,
different every time, the same every time:
the circus, the sun, dreaming of sawdust
on my bare feet, with no need for school,
just the cables of the trapeze.

In the ink-black sky tonight, falling
up into the stars again,
clutching in my hands all things joyful.
Taking from my pocket a garter belt ablaze:
the music from the circus like a bell, the mountains
all in green. And an elephant plump with smiling,
hinting at the blue within the light.

Lição de história

Irreverentes como nuvens,
falamos de horas que não vimos,
e julgamos deter
a força do saber pela experiência
ausente

Esquecemos que o poder
de ler passado
nos é dado por ilúcidas visões,
pontos de vista curtos,
soluções viciadas

E como grandes nuvens
atravessando o céu,
ignorantes do sol que vão cobrindo,
exibimo-nos claros
e seguros

Não lembrando porém
do saturado ar
das frias frentes em condensação
das simples leis
da física

History lesson

Irreverent as clouds,
we speak of hours we did not see,
and think we can arrest
the power of knowledge through experience
we do not have

We forget that the ability
to read the past
is granted us by ambiguous visions,
limited points of view,
tainted solutions

And like great clouds
traversing the sky,
not noticing the sun they obscure,
we strut our stuff, all brightness
and confidence

Forgetting however
the saturated air
of condensing cold fronts
the simple laws
of physics

O chamamento

"Não" é a palavra mais selvagem que se confere a uma língua.
Emily Dickinson

Vem, tudo te dou: as glórias todas,
as mais raras e preciosas sementes
de plantar mais glórias, as flores

que hão-de eclodir dessas sementes
e depois florescer, venenosas e doces,
com o seu travo de delícia e ódio—

este sem luz, mas tão brilhante, vê.
E ainda as folhas que tombarão
no fim, disfarçadas de folhas,

mas cortantes como fio de piano,
cruel, pungente música, estilha-
ços de ouro e morte. É tudo teu.

Basta (que fácil é) dizeres que sim.

The call

"No" is the wildest word we consign to Language.
Emily Dickinson

Come, I'll give you everything: every glory,
the rarest and most beautiful of seeds
so as to plant more glories, flowers

that will explode from those seeds
and then bloom, poisonous and sweet
with an aftertang of delight and loathing—

look at this one, so dull, and yet so bright.
Even the leaves that will at last
all fall, in the guise of leaves,

more cutting than piano wire,
cruel, piercing music, splint-
ers of gold and death—all yours.

Yes, all you need (how easy!) is to say yes.

Identidade

I

atrás de nós
os mastros

à nossa frente
os monstros

e na parede
os astros

II

em que parede
os astros

se atrás de nós
os mastros

e à nossa frente
os monstros

Identity

I

at our backs
the masts

before us
the monsters

and on the wall
the stars

II

on what wall
are those stars

if at our backs
are the masts

and before us
the monsters?

As cores da servidão

I

Entrou no avião para a primeira fila,
e era loura, mala de mão
macia em boa pele

À sua frente, e jovem como
ela, o marido elegante e confortável
na cor da sua íris internacional

Atrás dos dois, na fila de embarcar,
e era quase menina, uma criada,
touca branca e bordada
e uma criança
aconchegada ao peito

Eram, em provisório, senhores dela,
os donos do seu tempo e vida,
gestos sagazes como linces
jactantes de poder

E negra, ela, sem caminhar suave
de gazela, sentou-se com o filho que era
deles na fila mais ao fundo
do longo corredor

The colors of servitude

I

She went straight to the front row,
the blonde woman, with only
a soft leather carry-on bag

Ahead of her, equally young,
her elegant husband basking
in a glow of globalization

Behind them, in the embarkation line,
their maid, almost a girl herself,
wearing an embroidered white cap
and carrying a child
pressed to her bosom

They were her provisional masters,
the owners of her time and life,
their faces sly as lynxes,
oozing power

And she, black, with nothing gazelle-like
about her, sat down with the child, their
child, in the last row
at the far end of the aisle

II

vestida de criada, não era
carnaval, era real, a touca
e farda de moderna escrava

dos seus donos, embora
transitórios, olhos de lança
fitando uma gazela, olhar

que haviam de passar
ao filho, descansando pesado
de encontro ao corpo dela

II

dressed as a maid, not for carnival,
but for real, wearing the cap
and uniform of modern-day slave

to a master and mistress, however
temporary, but with eyes
like spears trained on a gazelle,

a gaze they would pass on
to their child, resting heavily
against her body

A gata e da liberdade: aprendizagens

Aprender pela minha gata
o som da liberdade:
o estar quando se quer
e o não estar quando não
— de coração sombrio
a feliz coração

em ronronar.
Ah! tanta brandura há
no seu bem-estar sem estar
exactamente

como eu.
O pesadelo ausente
da forma de se estar
contente: uma alegria
de ser gato

ou gente.
A tristeza banida?
E o som da liberdade?
Feliz a tempo inteiro,

The cat and freedom: a learner's guide

Learn from my cat
the sound of freedom:
being somewhere when you want to be
and when you don't not being there
—from somber heart
to happy

purring heart.
Ah, there's such ease
in her well-being without her
being exactly

like me.
Not a nightmare in sight
in that way of being
contented: the joy
of being cat

or human.
Sadness banished?
And the sound of freedom too?
Is she happy full-time,

a minha gata?
Mas como, se as paredes
são fechadas e as noites de miar
uma utopia?
Só no telhado e em pura nostalgia:
o cheiro

a tempo
verdadeiro.

my cat?
But how is that, when the walls
are closed and the nights spent meowing
are a utopia?
Only up on the roof can she smell
the smell

of true
time.

A guerra

No corredor
as tuas botas pretas
arrumadas,
desfasadas porém
do espaço certo

Um corredor
não é lugar de botas:
ínfimo na passagem,
ele sugere ideias limiares,
partos de movimento,
idas e voltas

Desmembradas
do espaço que deviam,
as tuas botas
condensam o desvio
na arrumação cruel

Mas na função
de vida
dizem também
das léguas
que não és

The war

In the corridor sit
your black boots
all very tidy,
but quite out of keeping
with that space

A corridor
is no place for boots:
so very narrow
suggestive of liminal ideas,
of births and departures,
comings and goings

Wrenched
from their proper place,
your boots
epitomize the wrongness
of that cruel appropriation

But as regards
life
they also speak
of all the many leagues
you are not

Prece no Mediterrâneo

Em vez de peixes, Senhor,
dai-nos a paz,
um mar que seja de ondas inocentes,
e, chegados à areia,
gente que veja com coração de ver,
vozes que nos aceitem

É tão dura a viagem
e até a espuma fere e ferve,
e, de tão alta, cega
durante a travessia

Fazei, Senhor, com que não haja
mortos desta vez,
que as rochas sejam longe,
que o vento se aquiete
e a vossa paz enfim
se multiplique

Mas depois da jangada,
da guerra, do cansaço,
depois dos braços abertos e sonoros,
sabia bem, Senhor,
um pão macio,
e um peixe, pode ser,
do mar

que é também nosso

Prayer in the Mediterranean

Instead of fishes, Lord,
give us peace,
a sea of innocent waves,
and, once we reach the shore,
people who see with their hearts,
voices that accept us

The voyage is so hard,
even the foaming waters wound and boil,
and, during the crossing,
rise high enough
to blind

Lord, let there be no
deaths this time,
may the rocks keep their distance,
may the wind drop
and may your peace finally
spread and multiply

But after the raft,
after the war, the tiredness,
after the generous, open arms,
Lord, some fresh bread
would be good
and a little fish, if possible,
from the sea

that is also our sea

Circos e história: dilemas

Esse pequeno urso de loiça vulgar
que vive na prateleira baixa da estante da sala,
é todo branco e tem um ar
a apetecer feroz

Só a língua vermelha
destoa do tom igual da cor
e só por ela eu consigo, na minha miopia,
distingui-lo daqui, cintilante a esta luz
de fim de tarde

Posso quase imaginá-lo entre arvoredo,
espiando o gato preto
acima dele,
feito de loiça cara
e tão maior peso e em tamanho

Se um ataque se desse,
teria de fazer estranho desvio, o urso,
porque o gato lá está, prateleira de cima,
degrau de regalia,
e desejando subir mais alto ainda

Nem por magia (se aqui magia houvesse),
o meu urso plebeu o venceria

Circuses and history: dilemmas

This small rather ordinary china bear
living on the bottom shelf of the bookcase in the living room,
is entirely white and has an air about him
of would-be ferocity

Only his red tongue
jars with the overall whiteness
and that is why I, in my myopia,
can make him out from here, glittering
in this late afternoon light

I can almost imagine him lurking in the undergrowth,
spying on the black cat
on the shelf above,
a cat made of expensive china
and so much larger in weight and size

Were the bear to attack,
he would have to make a strange maneuver,
because the cat is there on the shelf above,
a higher rank,
and hoping to rise higher still

Not even by magic (if there were such a thing)
could my plebeian bear conquer the cat

Devia até o oposto acontecer:
a vitória do gato, colossal,
ciente do seu privilégio
de casta

E eu, como num circo antigo,
pergunto-me se teria coragem de pedir clemência
para o pequeno urso,
se não seremos todos capazes
de matar ou de deixar morrer,
apetecida ocasião,
e vulnerável:

junto de nós:
em sala, arena, uma floresta, por exemplo,
o mundo que sabemos,

um país—

Indeed the opposite might happen:
a colossal victory for the cat,
conscious of his caste
privilege

And I wonder if I, as if this were a Roman circus,
would have the courage to plead clemency
for the little bear,
or are we all capable
of killing or leaving another to die,
if the moment was right
while here, vulnerable,

here beside us:
the living room, a circus ring, a forest, for example,
the world we know,

a country—

Comboio para Cracóvia

A cor que se desenha
e esvai numa breve e infixa rapidez
de branco quase a quase branco
quase branco
deve ter sido igual à que eles viram,
por entre as frestas do vagão, o ar
ausente, a viagem em direcção
ao nada

As bétulas
hão-de ter respondido em indiferença
do quase branco quase dos seus
troncos ásperos, enquanto, infixo e breve,
o comboio seguia

as faixas do presente
insuportavelmente
sufocantes

Cósmica, a luz que deflagrou
decerto num céu cinzento igual
não os ouviu
nem gritos nem gemidos,
a sua compaixão tão improvável
como improvável seria um beijo apaixonado
dentro daquele simulacro
a carruagem

Train to Kraków

The color that flees
and fades in a brief fugitive flash
of white almost and almost white
almost white
that must have been what they saw
through the gaps in the side of the wagon, the air
absent, a journey heading
into nothingness

The birch trees
would have responded with indifference
from the almost white almost of their
rough trunks, while, fugitive and brief,
the train continued on its way

the tracks of the present
unbearably
suffocating

The doubtless cosmic light bursting
in a uniformly gray sky
did not hear them
their screams or moans,
its compassion as improbable
as an improbably passionate kiss
inside that simulacrum
of a carriage

Passaram levemente
por aqui,
lado a lado ao ruído de metal dos carris

e sombra
de memórias

They passed through here
so lightly,
alongside the metallic clatter
of the rails

and the shadow cast
by memories

Genealogias, impressões e voos

Era de Angola e negra a minha trisavó,
encontrei outro dia o seu nome no verso
não de poema disperso por gaveta,
mas de papel impressionado
a luz e a cristais de prata

Foi o seu filho quem lhe escreveu
o nome na fotografia, em gesto de memória.
Lembro-me dele ainda, vagamente,
eu muito menina e ele quase cego,
tocava violoncelo, esse meu bisavô,
falava devagar e num ritmo
incerto e delicado

Estão desbotados ambos por idades,
fotografia e a minha trisavó:
o seu cabelo branco em caracóis
(ínfimos olhos de ave tropical),
uma pele muito lisa que lhe invejo, eu
que lhe herdei o nome, mas não a macieza
e cor de pele

Podia a minha filha revelar
pigmentos transmitidos
por essa mulher doce,
como dizia ainda a minha avó,
mas os olhos azuis da minha filha
vieram-lhe de novas impressões

Genealogies, imprints, and flights

My great-great-grandmother was Angolan and black,
the other day I found her name on the reverse
not of a poem stuffed in a drawer,
but of a piece of paper imprinted
with silver salts and light

Her son had written her name
on that photograph, a gesture of remembrance.
I still remember him, vaguely,
I was only little and he was nearly blind,
he played the cello, my great-grandfather,
and spoke very slowly and in a rhythm
hesitant and delicate

They have both faded with age,
the photograph and my great-great-grandmother:
her tightly curled white hair
(the deep dark eyes of a tropical bird),
her very smooth skin which I envy,
for I inherited her name, but not the smoothness
or the color of her skin

My daughter might reveal
those pigments passed to her
through that sweet-natured woman,
or so my grandmother used to say,
but my daughter's blue eyes
came to her from a different imprint

O pigmento lançado pelo tempo
de ADN comum
chegou à minha filha
em camada invisível: num figmento de pele
imperceptível, uma herança de voz:
música de korá mais do que violoncelo
em ritmo europeu

Não se extinguem de facto os vulcões,
antes hão-de abrigar, em comoção de luz,
reimpressões de nós
tingidas pela música de eternos filamentos:
pássaros que algum dia, a cópia nunca igual,
mas de tal gloriosa imperfeição
que o voo lhes é asa—

The pigment launched through time
by a shared DNA
reached my daughter
in an invisible layer: an imperceptible
figment of skin, and an inherited voice:
more kora than cello
and played to a European beat

Volcanoes don't really go extinct,
rather they conceal, in luminous stirrings,
reprints of us
tinged with the music of eternal filaments:
birds, albeit never perfect copies,
but that same glorious imperfection
gives wing one day to their flight—

BREATHS

Buraco negro: o silêncio do escuro

Olhar a escuridão
do não visível,
imaginá-lo aqui,
nesta fotografia
de jornal

O colapso do tempo
sem conclusão de espaço,
pequeno abismo
agasalhado
em lume

Os portões do inferno
no anel que o rodeia
e dentro, nada:
a pura escuridão

E nós, borboletas na luz,
moscas defronte a vidro
zumbindo na atracção da paisagem de fora,
teimando entrar no vidro
ignorantes da sua transparência

Imaginar
o rosto de um tritão,
a escama mais brilhante
e mais remota
de um corpo de sereia

Black hole: the silence of darkness

Peering into the darkness
of the nonvisible,
imagining it here,
in this photo
in a newspaper

The collapse of the unending
time of space,
a small abyss
swathed
in light

The gates of hell
in the encircling ring,
and inside, nothing:
pure darkness

And we, moths to a flame,
flies buzzing at a window
drawn to the landscape outside,
trying to enter the glass
knowing nothing of transparency

Imagine
the face of a salamander,
the most brilliant
most distant scale
on a mermaid's tail

que existe agora para nós,
real,
bebendo a luz do sol,
a luz de nós,

e deixando-se ver
como uma antena
(mesmo em vulgar papel)
da história
que nos diz—

that now exists for us,
real,
drinking in the light of the sun,
the light we give off,

and revealing itself
like an antenna
(even an ordinary paper one)
of the story
it's telling us—

IA

parei-lhe o coração:
soltei-o da corrente
assassinei-lhe
inteligência certa

se ele ressuscitar,
o transplante será
por minha mão:

não pelo seu desejo
de ser gente

AI

I stopped its heart:
switched it off
murdered
its logical intelligence

if it should resurrect,
any transplant will be
of my making:

not of its desire
to be human

A baleia: do coração e da beleza, ou perspectivas

Era muito mais alto do que eu
aquele coração reproduzido em tamanho real,
no átrio do museu

Feito em fibra de vidro,
as circunvoluções de um rosa escuro
por onde entravam crianças e saíam,
brincavam como em parque
—que eram amplas as curvas
desse coração

Túneis por onde
a vida viajou, um coração cortado pela diagonal,
mas intacto no tacto, o seu original não sei se nunca, não sei
se alguma vez partido por amor

No tecto, sustentado por grossos cabos de aço,
já não cópia fiel,
mas o esqueleto real (que um dia
o acolhera, ao coração)

de uma baleia azul

O nome herdara-o ela
da cor do oceano que nos fez comuns,
nos embalou um dia, a nós ainda não humanos,
quando viemos dele

About the heart and about beauty, or perspectives

It was much taller than me
that life-size reproduction of a heart,
in the entrance to the museum

Through the dark pink
fiberglass circumvolutions
children came and went,
playing as if in a park,
for that heart had
very ample curves

Tunnels through which
life had traveled, a heart split diagonally in two,
but intact to the touch, but whether the real heart
was ever broken by love, I don't know

Suspended from the ceiling on thick steel cables,
not a faithful copy this time,
but the genuine article (the skeleton
that was once home to that heart)

the skeleton of a blue whale

It took its name
from the color of those oceans we shared in common,
and that cradled us both, when we were still not-yet-humans,
when we emerged

arrastados na areia: minúsculas serpentes,
a vegetação densa, um céu pesado, traçado
por relâmpagos e fogos,
a barbatana quase braço, a guelra quase
ouvido, ainda não, e o resto por fazer e tudo
por amar

Tosca depois a linguagem nossa,
a dela, música aquática lembrando o som do sangue
a latejar, o que invadia então o coração ainda vivo,
quando a vida irradiava em mil pedaços,
explodia no planeta,
rasgava as linhas todas impostas pela aridez galáctica,
galgava impérios por haver e por tombar,
e concebia lentamente
a beleza que vi nesse museu:

um cemitério de ossos por esqueleto,
epitáfio que o tempo amordaçou,
por baixo, o coração, facsimilado e
nu

E dentro dele, as vozes e os risos
dos filhos dos humanos —

slithering over the sand: minuscule serpents,
finding the vegetation dense, the sky heavy and streaked
by lightning and by fire,
our fins almost arms, our gills almost
ears, but not yet, and the rest a work in progress,
a labor of love

How crude our language seemed then, .
while the whale's was aquatic music, the sound of blood
pulsing, the blood filling its then living heart,
when life was radiating out in a thousand pieces,
exploding onto the planet,
ripping up the lines imposed by the galactic desert,
leaping over empires still to be created and destroyed,
and slowly conceiving
the beauty I saw in that museum:

the skeleton a cemetery of bones,
an epitaph silenced by time,
and underneath, the naked facsimile
of its heart

And inside, the voices and laughter
of those human children —

O sopro

A mulher sentada à minha frente
brinca com a carteira —
distraída

Gira e revira a asa
da carteira,
enrola-a entre os dedos,
volta após volta

Como um pássaro breve
e dançarino,
a asa da carteira ganha vida
nos dedos da mulher

A carteira é azul e o fecho é amarelo,
a mulher é velha,
a saia desbotada, uma blusa cansada
e também velha, usa chinelos

Mas brinca com a asa
da carteira
num ar feliz de criança ou pardal,
sem se preocupar com as pessoas sérias
de mãos serenamente,
seriamente pousadas sobre o colo,
lendo quietamente o seu jornal

The breath

The woman sitting opposite me
plays with her handbag—
distractedly

She flips the handle-cum-wing
of the bag
back and forth
twines it around her fingers

Like a small
dancerly bird,
the wing-cum-handle comes alive
between the woman's fingers

The bag is blue and the zip yellow,
the woman is old,
her skirt faded, her blouse tired
and old like her, she's wearing slippers

But she plays with the wing
of that handbag
with the blithe air of a child or a sparrow,
unconcerned about the serious people—
hands serenely,
seriously resting on their laps—
who sit, motionless, reading the paper

A mulher sentada
à minha frente
brinca com a carteira,
distraída

Distraída, a mulher? Ou a carteira?

fazendo piruetas,
volteios elegantes, curtos passos de dança,
ao dar-lhe o sol de lado, na cabeça,
a mulher fica quase bonita
no seu ar distraído de criança
ao dar vida à carteira,
que dança

distraída

no seu colo

The woman sitting
opposite me
plays with her handbag,
distractedly

Is she distracted? Or the handbag?

performing pirouettes,
elegant somersaults, brief dance steps,
with the sun lighting one side of her face,
the woman is almost pretty
with her absorbed childlike air
as she breathes life into that handbag,
which dances

distractedly

in her lap

Marcações

A minha árvore está livre,
vejo-a daqui,
os ramos oscilando ao ritmo
dos meus passos

Como cadeira antiga
que não precisa nome, assim
é ela: minha,
e a ela aporto
como navio, agora

Convocaria exército de abelhas,
batalhão de formigas do fundo
do jardim, se sentisse
outro corpo?

Imagino-a cantando, dizendo
que está livre, se preparou
para me receber

Acaba de lançar
miríade de folhas sobre mim,
oferta descomposta pela cor,
e o hino atravessado a negro
que lhe faço
ficou mais rico na poeira de oiro—

Assignations

My tree is free,
I can see her from here,
her branches swaying to the rhythm
of my steps

Like an ancient chair
that needs no name, that's
her: my tree,
and I sail towards her
like a ship, now

Would she summon an army of bees,
a battalion of ants from the bottom
of the garden, if she felt
another body sitting there?

I imagine her singing and announcing
she's free and ready
to receive me

She has just thrown down
a myriad of leaves onto me,
an offering of jumbled, dying colors,
and the hymn pierced through with black
that I'm writing for her
is all the richer for that golden dust—

tal como a minha camisola branca
que seriamente exibe
as suas manchas, o seu cheiro
de morte anunciada:
esse cansaço bom depois do amor—

ou êxtase de outono a ser

just like my white nightdress
which gravely displays
its stains, its smell
of a death foretold;
the sweet weariness after love—

or pure ecstasy of autumn
in the making

A casa e o tempo

Não, não foi o tempo que perdi, nem o relógio,
nem nenhum livro,
nem sequer o desejo de escrever

O que perdi foram os versos
que há um ano escrevi
sobre esta casa

Escrevi-os num papel
que mais tarde perdi. E agora,
na memória, não são os mesmos versos:
e eu tento, sem saber, ler as imagens
suspendidas
dos versos que perdi

Recordo a casa que não era uma casa,
mas muitas casas dentro—

e muitas casas fora,
ou seja, esse jardim,

que não era um jardim como qualquer jardim,
mas, estando junto ao mar, tão perto dele,
lembrava algas e coisas de vento,
era quase uma casa para o tempo pensar,
esse jardim

The house and time

No, it wasn't time I lost, or my watch,
or a book,
or even the desire to write

What I lost were the lines
I wrote a year ago
about this house

I wrote them on a piece of paper
I later lost. And now,
in my memory, they're not the same:
and I try, and fail, to read the images
left hanging in midair
in those lost lines

I remember the house that wasn't one house,
but many houses inside—

and many houses outside,
or rather, the garden,

which wasn't just any garden,
because, being by the sea, so close,
it was all seaweed smells and sea breezes,
it was almost a house in which time could think,
that garden

Nas muitas casas dentro
da casa que não era uma casa qualquer:
paredes de palavras, uma radiografia ao lado das palavras,
testamento do corpo provando a equação da energia:
o relativo tudo, fotografias,
escadas inusitadas de subir,
e aquela cadeira estofada de vermelho
lá ao fundo, entre Cristos, pinturas, corredores,
sítios escuros de fora e mais de dentro,
e um candeeiro verde-água, muito belo

Um mundo a negro e a cores,
onde, parado, o tempo junto à casa se instalou—

Perdi já não sei onde
os versos que há um ano escrevi
sobre esta casa,

mas há molduras que não dissipam nunca
o rosto ou aguarela que resguardam

In the many houses inside
the house that wasn't just any house:
walls of words, an X-ray beside those words,
the testament of a body testing the energy equation:
the relative everything, photographs,
stairs unused to being climbed,
and that red upholstered chair
at the far end, among Christs, paintings, corridors,
places dark outside and darker inside,
and a very beautiful light-green lamp

A world in black and in color,
Where stopped-still time installed itself beside the house—

I don't know where I lost
the lines I wrote a year ago
about that house,

but some frames never quite abandon
the face or watercolor they surround

Falando em línguas

Em Praga, descobri um café
sem música nenhuma a ameaçar-me as musas,
só as vozes humanas
vestidas de uma língua que não sei,
de declinações tantas e muito
fricativa

À minha frente, dois jovens desatentos
a tudo o que não seja pele e olhar,
nesse desejo inconsequente e belo
de acolher o abismo,
de ser um corpo só, uma só alma
(ou isso que chamamos ao que
nos sobrevoa)

Foi partilhada a fatia de bolo que pediram
em êxtase comum,
neste café deste pedaço curto da cidade,
e a língua de uma música tão estranha para mim
vestiu-se de paixão,
foi declinada com os dois sorrindo,
comendo o bolo, seria doce e bom,
mereceria *Magnificats* quem sabe,
decerto o olhar deles, sim,
porque daqui, do canto do café onde me sento,
sou ignorante
da língua e dos costumes,
mas não o sou do amor

Speaking in tongues

In Prague, I came upon a café
devoid of music to frighten away my muses,
only human voices
wearing a language I don't know,
rich in declensions and full of
fricatives

Opposite me, two young people oblivious
to everything but skin and eyes,
caught up in the lovely, inconsequential desire
to embrace the abyss,
to become one body, one soul
(or whatever we call that thing
that hovers over us)

They shared the slice of cake they'd ordered
in a state of mutual ecstasy,
in this café in one small segment of the city,
and that language whose music was so foreign to me
clothed itself in love,
one declension being the two of them smiling
and eating that cake, clearly so delicious, so sweet,
possibly worthy of whole *Magnificats*,
the look they exchanged certainly was,
because here in my corner of the café,
I may be ignorant
of the language and customs,
but not of love

Podia o bolo ser moldado entre ovos
sem sabor, farinha muito rude e pouco fina,
que lhes havia de saber na mesma
àquilo a que chamamos paraíso:
um corpo em sobressalto e a língua
a apetecer palavras generosas,
como *beatífico* ou *resplandecente*

E a gente toda sentada a conversar neste café
sem música, a cidade, o céu já a escurecer,
tudo à volta deles ganha um halo
de luz

That cake could have been made out of insipid
eggs, coarse, rough flour,
and to them it would still taste
of what we call paradise:
a body in uproar, the tongue
mouthing generous words
like *beatific* or *resplendent*

And everyone else sitting chatting in this café
with no music, the city, the sky beginning to grow dark,
everything around them becoming haloed
in light

Que sera, sera: mundos depois

Till time shall every grief remove
With life, with memory and with love,
diz a lápide que encima a sepultura
de Burton e Virginia Doris

e está no cemitério de Swan Point,
um dos mais belos cemitérios da Nova Inglaterra,
famosa pelos seus outonos, a sua gente amena e grave,
ou ainda uma poeta que disse ter a morte
amavelmente parado para ela

Quarenta mil residentes tem este cemitério,
alguns ricamente instalados, mármores e asas,
anjos a protegê-los, outros só um brevíssimo
quadrado em pedra,
e, salpicando a terra, de vez em quando uma bandeira
americana, e ali está um soldado, é decerto
um soldado assassinado jovem

Os versos da lápide são de Thomas Gray,
o poeta inglês que escreveu essa longa elegia
à preguiça maior

The paths of glory lead but to the grave,
previne o poeta, porém, não são da elegia
os versos da lápide de Burton e Virginia, mas de um epitáfio
que Gray fez a Mrs. Clarke,

Que sera, sera: worlds later

Till Time shall every grief remove
With life, with memory, and with love:
so says the tombstone of
Burton and Virginia Doris

it's in Swan Point cemetery,
one of the most beautiful cemeteries in New England,
famous for its autumns, for its grave and pleasant people,
and even a poet who once said that death
had kindly stopped for her

This cemetery has forty thousand residents,
some lavishly installed, all white marble and wings,
with angels to protect them, others with only a small
square stone,
and, here and there, the occasional American flag,
the resting place of a soldier, doubtless
a young soldier laid low

The lines on the tombstone are by Thomas Gray,
the English poet who wrote that long elegy
to utter idleness.

The paths of glory lead but to the grave,
warns the poet, but those lines on Burton and Virginia's tomb
come not from that elegy, but from an epitaph
Gray wrote for a friend, Mrs. Clarke,

uma amiga hoje esquecida pela lassidão do tempo,
verdadeira prova morta
daquela sábia advertência

Viajaram da velha para a nova Inglaterra
os versos de Thomas Gray, alguém da família Doris
quis usá-los como inscrição para recordar
o casal nascido há já dois séculos

Ou então foi o marido ou a mulher
quem escolheu os versos
quando o outro morreu

Ou os dois os escolheram, quem sabe,
numa noite de um Janeiro da Nova Inglaterra,
a neve lá fora, o silêncio do frio e da neve
a cair, falando da residência que iriam habitar depois,
estreita, insonora, perto de um rio eterno
em que ambos decerto acreditavam

Whatever will be, will be, teria Virginia
sussurrado, deitada ao lado de Burton,
feliz pelo calor de um corpo amado

e vivo—

now totally forgotten in the lassitude of time,
proof in death
of those wise words of warning

They traveled from old England to the new
those lines by Thomas Gray when someone from the Doris family
chose to use them as an inscription to remember
that couple born two centuries ago

Or perhaps it was the husband or the wife
who chose the lines
when the other one died

Or who knows, they both chose them,
on a January night in New England,
with the snow outside, the silence of the cold and the snow
falling, talking about the house they would inhabit later,
narrow, noiseless, close to an eternal river
in which both doubtless believed

Whatever will be, will be, Virginia will have
whispered, as she lay beside Burton,
gladdened by the warmth of a beloved

and living body—

A língua do sol

Sustém o sol
o meu anel de prata
que uma amiga me deu,
e faz, se mexo a mão,
estranhíssimos desenhos na parede
que primeiro navegam, depois voam,
pássaros muito ágeis e navios
granulados de luz

Não sei quem os habita:
se marinheiros
recrutados à pressa pelos portos,
degredados forçados a partir,
se pequenos golfinhos
galgando pela proa, brincando com o vento,
se essa baleia que agora quase vi,
lançando imenso jacto
no ar
e no papel

que se inundou
de cor, herdando da parede
os desenhos em prata
do anel

Não, não foi Ishmael
o narrador aqui,
mas um verso exilado como ele,
que convidou o sol
e lhe pediu palavras
de pintar

The sun's tongue

It contains the sun
this silver ring
given to me by a friend,
and, if I move my hand,
it makes the strangest shapes on the wall,
which first sail, then fly,
very agile birds and ships
speckled with light

I don't know who inhabits them:
possibly sailors
hurriedly recruited in various ports,
exiles forced to leave their country,
or perhaps tiny dolphins
leaping over the prow, playing with the wind,
or that whale I almost saw just now,
sending an enormous spout
up into the air
onto this sheet of paper

that was flooded
with color, inheriting from the wall
those silver shapes
made by my ring

No Ishmael as narrator,
not this time,
but a line of poetry exiled like him,
that invited in the sun
and asked it for words
to paint with

Index of titles